Yf 12643

gosseli

RECHERCHES

SUR LES

ANCIENS THÉATRES

DU HAVRE ET D'YVETOT

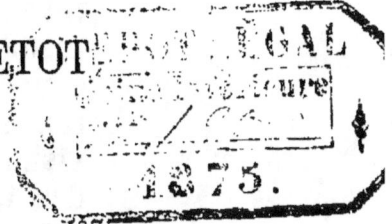

~~~~~~~~~~~~

Le théâtre, en France, a pris depuis deux siècles une si large place dans nos mœurs que rien de ce qui touche à son histoire ne doit être indifférent. N'est-il pas curieux, en effet, de suivre les développemens qu'il a reçus dans notre pays depuis son origine? Ses transformations à diverses époques ne sont-elles point comme un tableau des mœurs et des usages de nos aïeux? Voyez au XVᵉ siècle les confrères de la Passion bâtissant à grands frais sept ou huit *échafauds* pour représenter un seul mystère; c'est l'enfance de l'art et cependant les rois prennent plaisir à ces jeux et les encouragent; le XVIᵉ siècle fait succéder les moralités aux mystères; puis les joyeusetés et les farces s'adjoignent aux moralités; bientôt un nouveau genre de spectacle se produit; le XVIᵉ siècle touche à sa fin, les troubles et la guerre civile se sont apaisés sous la main puissante d'Henri IV, et les *pastorales* viennent exprimer les pacifiques aspirations du peuple des campagnes.

L'esprit frondeur des Rouennais avait aussi, depuis plus d'un siècle, trouvé de fidèles interprètes dans la société des couards et dans la confrérie des clercs de la bazoche ; mais déjà le règne des couards avait cessé quand Gautier Garguille vint débiter ses facéties au commencement du 17° siècle ; ce fut pourtant alors que naquit là véritable comédie, mais quelle comédie ! telle quelle était, néammoins, elle fit merveille à Paris. Bientôt elle descendit en province et visita les plus grandes villes du royaume; des troupes de comédiens ambulans se formèrent et chaque année on les vit suivre les foires et s'y installer. C'est avec l'une d'elles, l'*Illustre Théâtre*, que Molière, alors âgé de 19 ans, vint, en novembre 1643, débuter à Rouen en compagnie de Madeleine Béjard, et c'est ainsi que Rouen fut, à vrai dire, la première et la dernière étape de cette longue promenade à travers la France, qu'il termina par une station de cinq mois dans notre ville en l'année 1656. Mais on comprend que les comédiens ne visitaient guère que les grandes villes et qu'il serait inutile de chercher dans les petites des traces de leur passage ; d'ailleurs ces dernières y songeaient peu ; les mœurs paisibles de leurs habitans se seraient mal accommodées des plaisirs du théâtre, leur foi religieuse et leur morale sévère se seraient promptement scandalisées du débraillé des acteurs et des allures plus que légères des actrices, car dans ces temps-là, ceux qui s'adonnèrent à jouer la comédie ne se piquaient pas d'une grande régularité de mœurs et les sociétés qu'ils formèrent n'étaient pas toujours

composées d'élémens parfaitement irrépro-
chables : la licence, l'obscénité même, accom-
pagnaient si souvent leurs jeux que le Parlement de Paris et le lieutenant général civil
durent maintes fois essayer d'en réprimer les
excès ; les arrêts de 1560, 1584, 1588, 1596
et de 1609 et la déclaration de 1642 n'eurent
pas d'autre but.

Mais à cette dernière date les désordres
poursuivis en vain et depuis si longtemps par
la justice, le furent d'une manière bien plus
efficace par le bon goût. Le génie de Corneille
en ramenant le théâtre à l'honnêteté, par la
noblesse du langage et par la haute moralité
des sujets qu'il traitait, le sauva du discrédit
qui le menaçait et marqua en même temps la
renaissance de l'art dramatique. Puis Molière,
par ses comédies impérissables ayant rempla-
cé les platitudes qui seules avaient eu cours
avant lui, acheva la réforme du théâtre jusqu'au moment ou l'abbé Perrin d'abord, puis
le fameux Lully, vinrent le compléter en y in-
troduisant l'opéra.

Alors les règlemens de police qui intervin-
rent n'avaient plus d'autre objet que celui
d'assurer la tranquillité des spectateurs et de
maintenir le bon ordre parmi eux.

Mais on conçoit que si le théâtre avait fait
de tels progrès à Paris, il n'en avait pas été
de même dans les provinces, et, pour ne parler que de la Normandie, plus d'un siècle devait encore s'écouler avant que Rouen, sa ca-
pitale, eût un théâtre véritablement digne
d'elle et des acteurs capables d'y figurer. A
plus forte raison en fut-il de même dans les
autres villes.

Le Havre, par exemple, dont la population augmentait chaque jour et dont l'importance commerciale était déjà grande, le Havre, où se rendaient de toutes parts tant d'étrangers et de marins, avait dû appeler depuis longtemps l'attention des comédiens ambulans; maintes fois des troupes avaient tenté de s'y installer pour y passer un quartier d'hiver, mais dans cette ville vouée au négoce, où chaque maison était un entrepôt ou un magasin de marchandises, il ne se pouvait pas trouver une place inoccupée pour y jouer la comédie. C'est pourquoi jusqu'en 1740 aucun directeur sérieux n'avait essayé de s'y établir et cette ville, dès lors si florissante, en était réduite aux misérables cabotins qui abondaient à sa foire de Saint-Michel.

Cependant, un arrêt du conseil privé du roi, rendu le 1er juin 1686, avait enjoint aux officiers échevins des villes d'assigner aux comédiens qui se présenteraient, le lieu où ils devraient s'établir, et l'édit de novembre 1706 chargeait spécialement les lieutenans généraux de police d'accorder aux directeurs des troupes les autorisations nécessaires, de régler l'heure et la durée des représentations, de fixer les prix des places et de veiller sur le choix des pièces, sur la décence des costumes, etc.

Malgré les termes formels de cet arrêt et les dispositions de l'édit de 1706, il n'existe dans les archives de la mairie du Havre ni dans celles du bailliage aucune trace de ces sortes d'indications de lieu ou d'autorisations avant 1766, et nous ne saurions rien du théâtre antérieurement à cette date, si quelques

documens judiciaires ne s'étaient rencontrés
pour nous renseigner.

Nous avons constaté dans un précédent travail (1) que la demoiselle Clairon, dite Cro-
nel, dite Frétillon, avait joué la comédie à
Rouen en l'année 1739. Elle faisait alors partie de la troupe du sieur Lanoue, ainsi qu'un
certain acteur nommé Delamotte, dont nous
avons également dit un mot. Or, la demoiselle
Frétillon, dans ses mémoires, raconte que
s'étant engagée en 1739 dans la troupe que
dirigeait alors à Rouen le sieur Lanoue, elle
le *suivit au Havre et y joua la comédie en*
1740; elle remplissait, dit-elle, les rôles de sou-
brette.

Voilà notre point de départ bien constaté et,
sur ce point, nous sommes à peu près d'accord avec l'historien de la ville du Havre (2),
puisqu'il dit *qu'avant 1740 on n'y avait*
point encore joué la comédie. Cependant
nous n'allons pas si loin ; il nous paraît plus
probable que d'autres troupes étaient venues,
avant celle de Lanoue, jouer la comédie dans
des baraques en planches, comme cela avait
lieu fréquemment dans d'autres villes.

Mais le sieur Lanoue avait trop conscience
de la valeur de sa troupe pour consentir à
jouer dans une baraque ; il se mit donc en
quête d'un local et parvint à se faire louer des
sieurs Lebourgeois et Homberg, négocians,
un magasin momentanément vacant.

---

(1) Simples notes sur les anciens théâtres de
Rouen.

(2) Morlent, *le Havre ancien et moderne*, t. 1er,
p. 226.

Ce magasin, une fois signalé, devint pour quelques années la salle des spectacles du Havre.

Ainsi, Lanoue l'ayant occupé jusqu'au printemps de 1741, une nouvelle troupe vint s'y installer durant la foire de 1743 et y resta jusques à la fin de mars de l'année suivante. Cette troupe n'avait point de directeurs, c'était une société travaillant à frais communs et prenant le titre de comédiens associés. Les noms des principaux d'entre eux nous sont révélés par un procès dont nous dirons un mot tout à l'heure ; voici ces noms : Chauveau, Du Bortbail, Delagrange, Toscano. M^{mo} Toscano, née Delamotte, Chevrigny, Delamotte et Mme Delamotte née O'Hélie Toscano. Ces deux derniers étaient déjà venus au Havre en 1740 avec Lanoue et la demoiselle Clairon.

Les comédiens associés avaient pris à bail le magasin des sieurs Lebourgeois et Homberg par le prix de 200 fr. par mois. Mais ils payaient si mal qu'au 1er février 1744, les propriétaires n'avaient encore reçu qu'une somme de 200 fr., et beaucoup de belles paroles et de magnifiques promesses. Cette monnaie, malheureusement, n'ayant pas cours dans le commerce, MM. les propriétaires assignèrent leurs locataires devant le bailly du Havre, et obtinrent contre eux, le 12 février (1), une seutence en vertu de laquelle ils firent saisir tous les effets, costumes et décors appartenant à la société.

---

(1) Registre du Bailliage du Havre, 12 février 1744.

Ce fut un arrêt de mort pour les comédiens, car, aussitôt que cette exécution fut connue, une nuée de créanciers fondit sur eux ; d'abord le sieur Pierre, directeur des messageries, qui avait fait le transport du matériel de Rouen au Havre ; une dame veuve Dumanoir, marchande à Rouen, qui réclamait le montant d'un billet de 243 fr., souscrit à Rouen par la société, avant son départ ; un épicier du Havre, le sieur Lehoué, qui avait fourni durant tout l'hiver, *les chandelles* et *les bougies* nécessaires pour l'*illumination* des spectacles et *des bals* donnés par la société ; un sieur Lourdel, orfèvre, qui avait fourni aux dames les bijoux dont elles avaient eu besoin ; et enfin bien d'autres fournisseurs dont la liste importe peu ; mais ces malheureux créanciers, peu habitués aux belles paroles, s'y laissèrent si bien prendre, que, de remise en remise, ils ne se décidèrent à diriger des poursuites qu'alors qu'il n'était plus temps, et que la troupe entière avait pris la fuite (1).

Cette déconfiture et la fuite déloyale des acteurs empêcha-t-elle d'autres troupes d'oser une nouvelle tentative, ou bien, en vint-il d'autres remplacer ceux-là ? Nous ne saurions le dire, car ni les archives du Havre, ni celles du bailliage n'en ont ont conservé la trace. Cependant, comme en 1757, nous trouvons la preuve qu'un théâtre avait été *bâti exprès antérieurement*, on doit penser que cette construction n'avait été entreprise que pour répondre à un besoin de cette nature.

---

(1) Bailliage du Havre, sentence du 12 mai 1744.

Ce bâtiment, construit en bois de charpente et tout exprès pour servir de salle des spectacles, était situé entre les deux portes d'Ingouville ; mais les entrepreneurs avaient beaucoup plus visé à l'économie qu'à la solidité, car, le 2 avril 1757, à sept heures du soir, une de ces fortes bourrasques, si fréquentes au Havre, le renversa entièrement. On jouait à ce moment la tragédie de *Samson* ; malheureusement l'acteur qui jouait le rôle n'était pas de force à soutenir l'édifice ébranlé. Comme la salle était pleine de spectateurs, un désordre effroyable s'ensuivit : les combles étant tombés sur le public, plusieurs restèrent complétement ensevelis dessous, et tandis que chacun essayait de se sauver au plus vite on s'aperçut qu'un incendie venait de s'allumer sous ces ruines. Bientôt on entendit de toutes parts les cris au feu ! se mêler aux plaintes des malheureux qui n'avaient pu s'échapper. On eut beau faire, il fut impossible de maîtriser le feu et en quelques heures tout fut dévoré ; il ne resta plus de la première salle de spectacle du Havre qu'un immense monceau de cendres sous lequel, hélas ! gisaient des victimes dont le nombre, exagéré par les uns et diminué par les autres, ne devait être connu que le lendemain.

Cet événement plongea la ville du Havre dans un état d'anxiété qui se prolongea jusqu'au soir du lendemain dimanche, 3 avril ; on se comptait dans chaque famille et l'on tremblait d'apprendre la mort de tous ceux qui n'avaient point reparu à leur domicile.

Dès le matin du 3 avril, la justice se trans-

porta sur le lieu du sinistre et, après avoir fait
fouiller minutieusement les cendres et les dé-
combres, constata la mort de *dix individus*,
dont *cinq reconnaissables* furent déposés
dans le corps de garde attenant au théâtre et
cinq presqu'entièrement brûlés.

Pour reconnaître l'identité de ces malheu-
reuses victimes on fit une enquête qui ne fût
close que le 16 août. Nous pensons qu'il peut
y avoir quelqu'intérêt à en faire connaître le
résultat : Cette enquête constata le décès de :
1° Marie-Madeleine-Elisabeth Brognard, née
à Rouen, paroisse Saint-Nicaise, épouse de
Antoine-Remy Leblanc, suisse de la paroisse
de Saint-Benoist, à Paris, ladite femme Leblanc, buraliste des comédiens ; 2° le sieur
Pecquot de Montigny, lieutenant en second au
corps royal d'artillerie ; 3° Jacques Lecoq,
tourneur futailler au Havre; 4° le sieur Diomart,
commis de négociant au Havre ; 5° le sieur
Libourne, cuisinier chez le sieur Derchigny ;
6° le sieur Delalongueraye, de Paris ; 7° le
sieur Bultel, écrivain principal de la marine
au Havre ; 8° le sieur Tournu, officier inva-
lide ; 9° le sieur Ansort de Mouis, officier du
corps royal d'artillerie; 10° le sieur Deschamps,
officier du même corps. (1)

Un tel événement ayant eu des conséquen-
ces si lamentables, n'était point de nature à
encourager les comédiens à venir dans une
ville qui ne possédait même pas une salle où
ils pussent s'installer avec quelque sécurité, les
habitans eux-mêmes ne paraissaient guère

---

(1) Bailliage du Havre, pr.-v. des 3, 4, 5, 18
avril, 22 juin et 16 août 1757.

s'en préoccuper et tout porte à croire que durant les huit années qui suivirent aucune troupe ne songea à s'y présenter.

Mais en 1765, un pauvre directeur, qui revenait de Rouen, où il avait joué la comédie dans une baraque durant la foire Saint-Romain, essaya de s'installer au Havre avec son personnel, il parvint à obtenir d'un sieur Foache, la location d'un magasin qui était situé au bout de la rue des Remparts. Seulement ces cabotins ne firent que paraître et disparaître et leur conduite fut telle et donna lieu à de si grands désordres, que l'autorité dut leur défendre de continuer leurs représentations.

Les allures de ces acteurs avaient été si mauvaises que, pour la première fois, l'autorité se souvint des arrêts du conseil et des règlemens qui la chargaient de la police des théâtres ; en conséquence, et sur les réquisitions du procureur du roi, le lieutenant général rendit, à la date du 28 décembre 1765, une ordonnance destinée à prévenir de nouveaux désordres et à assurer en même temps une certaine protection aux comédiens qui viendraient par la suite ; on y lit en effet : « Défendons à toutes personnes de donner publiquement aucune représentation de comédie ou autre spectacle, et à toute personne de louer ou autrement fournir leurs magasins et autres appartemens à cet usage sans au préalable en avoir obtenu du siège la permission nécessaire, et ce, sous peine de 100 fr. d'amende. » (1)

_____

(1) Bailliage du Havre, ordonnance du 28 décembre 1765.

Cette tardive ordonnance de police peut expliquer pourquoi jusque là il nous a été si difficile de savoir le passé du théâtre du Havre, puisque la police ne s'en occupait pas plus que la municipalité, et que c'est là seulement qu'il était possible d'aller chercher des documens.

Mais à partir de ce moment, non-seulement les comédiens pourront venir au Havre avec plus de confiance, mais encore il sera facile de les y suivre et de connaître au moins les noms de leurs directeurs.

En effet, dès le mois d'octobre 1766, l'ordonnance du 25 décembre 1765 fut appliquée en faveur d'une troupe assez nombreuse dont les époux *Toscano* étaient directeurs ; on se souvient que ces époux Toscano faisaient partie de la société des comédiens qui, en 1744, avait pris la fuite devant ses créanciers. Mais, après vingt-deux années de travail et de pérégrinations, puisque nous les retrouvons directeurs, c'est que leurs affaires ont prospéré et que sans doute ils viennent avec la noble pensée de relever leur réputation quelque peu entamée par un fâcheux précédent. La troupe qu'ils dirigent est nombreuse et paraît, d'ailleurs, assez bien composée. Voici les noms de quelques-uns des acteurs et actrices : Jacques Buquet, Lubis, et Marguerite Dubreuil, son épouse ; Delavoye, Vemerin, Debureaux, Joseph, Marion, Durand, Saint-Albin, Mairon, Mueson, Alexandre Roisin, Lamy, Legonnet, Lagiroflée, Thiemé, Lefrançois, Lajeunesse et Madeleine. Ce qui fait vingt-deux en comptant le directeur et son épouse.

Certes, le Havre n'avait jamais vu une troupe aussi nombreuse et les amateurs de spectacles devaient compter sur un établissement qui se présentait dans de telles conditions.

Cependant, il paraît que depuis 1744 les époux Toscano n'étaient devenus ni plus riches ni plus honnêtes ; car, après avoir travaillé tout l'hiver, un matin du mois d'avril 1767, ils prirent de nouveau la fuite, sans payer ni leurs fournisseurs, ni même les malheureux acteurs dont on vient de lire les noms. Ceux-ci, bien embarrassés et ne pouvant payer leur gîte, faute de 368 liv. 7 sols qui leur étaient dus, furent autorisés à faire vendre publiquement les quelques meubles de théâtre que Toscano n'avait pu emporter. La vente produisit 159 liv. 17 sols que les comédiens se partagèrent (1).

L'année suivante ramena au Havre une nouvelle troupe composée d'acteurs français et italiens, de quelques-uns de ceux dont on vient de lire les noms, et, entre autres, de Guillaume *Lubis* et de Marguerite Dubreuil, son épouse, comme directeurs. Ces derniers obtinrent, le 14 janvier 1768, la permission « de jouer la comédie pendant tout le reste de « la saison et de donner des bals publics, à « la charge d'en donner avis au commandant « de la place, afin qu'il puisse prendre les « précautions nécessaires pour prévenir le dé- « sordre ; de se retirer devant les officiers « municipaux pour l'assignation d'un lieu

---

(1) Bailliage du Havre, sentences des 16 mai et 6 juin 1667.

« convenable pour y élever leur théâtre ; de
« communiquer au lieutenant général de po-
« lice, avant toute représentation, les pièces
« de leur répertoire et enfin d'*aumôner* aux
« pauvres de l'hôpital de la ville une somme
« de 100 fr. pour la présente saison. » (1).

Ces conditions, imposées pour la première
fois, montrent assez que si l'autorité tendait à
protéger le théâtre en l'épurant, elle voulait
aussi que l'intérêt des pauvres ne fût point
oublié. Mais on ne tarda pas à reconnaître
que cette somme de 100 fr. était au-dessus de
ce qu'on pouvait raisonnablement exiger des
directeurs, car, par la suite et dès l'année suivante, l'aumône fut réduite à 36 fr. par saison.

Jusques-là cependant il n'existait point encore, à bien dire, de règlement de police pour
le théâtre du Havre. Aussi les querelles et les
rixes y étaient-elles fréquentes. On s'y apos-
trophait d'un bout de la salle à l'autre ; les acteurs étaient sans cesse interpellés bruyam-
ment ; certains spectateurs montaient sur la
scène et y restaient assis pendant les représentations, d'autres allaient dans les coulisses, s'y montraient au public et tenaient avec
les acteurs et les actrices des conversations à
haute voix qui empêchaient souvent d'entendre et de suivre la pièce ; enfin, les acteurs et
les actrices, *en costume*, venaient également
dans le public et y causaient des désordres
non moins graves.

Le 29 novembre 1768, notamment, ces abus
donnèrent lieu à un tumulte épouvantable ;

(1) Bailliage du Havre, sentences des 14 et 24
janvier 1768.

toute la salle se mit en révolution ; les injures se croisaient, les coups pleuvaient, les cris des femmes et des enfans pouvaient faire croire à un combat des plus acharnés. Fort heureusement, il y eut beaucoup moins de mal qu'on n'aurait pu le croire et les plus maltraités en furent quittes pour quelques contusions sans gravité. Mais la justice eut son heure et plusieurs des plus mutins furent saisis et conduits à la prison royale où ils purent pendant quelques semaines méditer sur le plaisir et sur les inconvéniens du théâtre (1).

Cette orageuse soirée eut pour résultat de provoquer de la part du lieutenant général un règlement de police qui manquait depuis trop longtemps, et nous devons dire que l'initiative en fut prise par le sieur Oursel, alors procureur du roi, qui donna dans un réquisitoire remarquable un exposé complet de la police des théâtres et le modèle du règlement à promulguer. Ce règlement, dont nous aurions donné le texte si nous n'avions craint de fatiguer, porte la date du 17 décembre 1768, et comprend huit articles; il ordonne aux directeurs de se conformer aux édit et déclaration de janvier 1560 et 24 avril 1641; il leur défend de changer les jours et heures des représentations annoncées; de placer des siéges sur le théâtre et le long des coulisses, de prolonger outre mesure l'intervalle d'entre les actes, les pièces et les *ballets ;* d'exiger un prix des places plus élevé que celui qui aura été

---

(1) Bailliage du Havre, sentence du 17 décembre 1768.

fixé par la police et *qui est en usage* au Havre. Enfin, le commissaire de police est chargé d'assister aux représentations pour y maintenir le bon ordre et dresser procès-verbal des contraventions. Tous les mois, le répertoire des pièces devra être soumis au lieutenant général de police.

L'ordre était donc désormais assuré au théâtre et rien ne manquait pour en affermir le progrès, rien, sinon une salle de spectacles, car on en était toujours réduit au magasin du sieur Foache. Néanmoins, chaque hiver, à partir de 1768, on y jouera la comédie. En 1769, une sentence parle de la troupe actuelle mais sans nommer le directeur.

Le jeudi 8 novembre 1770, une troupe dirigée par le sieur Laurent de Clairval s'y installa avec un *privilége exclusif*, et y joua durant tout l'hiver, c'est-à-dire jusqu'au samedi d'avant le dimanche des Rameaux, la comédie, la tragédie et l'opéra bouffon.

Le 14 avril 1771, Jean-François Boullet de Molveaux, avec sa troupe, succéda à Laurent de Clairval, et obtint comme lui un privilége exclusif, qu'il exerça jusqu'au printemps de 1772.

Le 20 octobre de cette même année, le privilége fut accordé au sieur d'Hauterive et à la demoiselle Symiane, son associée.

Comme on le voit, depuis le règlement de 1768 le théâtre était devenu presque permanent ; mais aucune troupe un peu distinguée n'avait pu se résigner à venir jouer dans le magasin de M. Foache, et comme la ville ne paraissait nullement disposée à faire construire une salle de spectacles, il est probable que les habitans en auraient été privés pendant longtemps encore s'il ne s'était trouvé un citoyen pour entreprendre cette construction à ses risques et périls. Un sieur Beaufils, en faisant bâtir pour lui-même une maison rue des Halles, eut l'idée d'utiliser le surplus de son terrain à la construction d'un vrai théâtre avec premières loges, galeries, deuxièmes loges et parterre ; malheureusement une entreprise particulière de ce genre ne pouvait avoir des proportions bien larges. Huit cents personnes au plus pouvaient y prendre place. Le théâtre, situé sur le derrière de la maison Beaufils, vers le sud, avait sa sortie sur la rue de la Corderie.

Cette salle, malgré son exiguïté, laissait cependant bien derrière elle le magasin Foache, et ce fut une grande solennité pour les amateurs de théâtre quand, le 18 octobre 1773, la troupe dirigée par le sieur de Salle en fit l'inauguration.

Cette troupe, il faut le dire, offrait pour la première fois un ensemble satisfaisant, et son directeur paraissait disposé à faire un long séjour au Havre. Du 18 octobre 1773 jusqu'au samedi de la Passion de l'année suivante il donna des représentations. Mais si les habitans du Havre aimaient le plaisir du théâtre, ils lui préféraient cependant celui plus bruyant des bals publics. Sollicité par eux, de Salle demanda la permission de donner, pendant les jours gras, des bals de jour et de nuit. L'autorité ne voulut ni les autoriser ni les défendre ; elle ferma les yeux, fit seulement, par mesure de précaution, ses réserves de poursuivre et laissa danser les Havrais.

Encouragé par cette tolérance et par la bienveillance du public, dont il avait su gagner les bonnes grâces, de Salle entreprit de continuer jusqu'au printemps de l'année suivante, l'exploitation de la salle Beaufils, et *pour que désormais sa troupe ne laissât rien à désirer* (1), il s'adjoignit deux acteurs nouveaux dont il paraissait faire grand cas, les sieurs Daubercourt et Garderat.

Cependant Pâques approchait ; c'était l'époque à laquelle, d'ordinaire, les comédiens quittaient le Havre pour aller faire ailleurs la saison d'été. Cette perspective ne souriait point à de Salle ; il fit comprendre au procureur du roi et au lieutenant général qu'il serait fort agréable aux habitans d'avoir la comédie durant toute la belle saison, à partir de Pâques, et qu'il serait très-onéreux pour lui de transporter son matériel au loin pour le rapporter au mois d'octobre. Ces deux magistrats donnèrent verbalement leur consentement à ce qu'il désirait.

En conséquence, de Salle, tant en son nom qu'en ceux de Daubercourt et Garderat, devenus ses associés, fit un nouveau bail avec le sieur Beaufils et se prépara à recommencer ses représentations.

Malheureusement pour les associés, ils avaient oublié qu'à côté du lieutenant général il existait une autre autorité qui avait bien sa valeur, c'était le comte de Buzançois, gouverneur commandant de la ville ! aussi ne tardèrent-ils pas à s'en apercevoir.

Au moment qu'ils allaient commencer, voilà

____

(1) Bailliage du Havre, sentence de mars 1774.

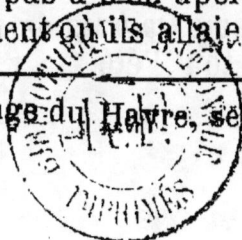

2

que le comte de Buzançois leur fit signifier qu'en sa qualité de gouverneur il avait donné le privilége exclusif du théâtre du Havre, et ce, à partir de Pâques 1774, à la demoiselle Montansier, et il ajoutait que s'ils s'avisaient de vouloir représenter, il les ferait mettre tous, en prison et placerait une compagnie de grenadiers à la porte de la salle pour empêcher le public d'y entrer.

Combien alors de Salle et ses associés regrettèrent-ils d'avoir été si vite! Pour réparer leur étourderie, ils cherchèrent à s'excuser auprès du gouverneur, puis, dès le lendemain 30 mars, en rendant compte au procureur du roi et au lieutenant général de ce qui s'était passé et en leur rappelant que c'était sur leur autorisation verbale qu'ils s'étaient ainsi engagés, ils modifièrent leur première demande et sollicitèrent la permission de jouer la comédie pendant un mois seulement, à commencer du mardi de Quasimodo.

L'autorité judiciaire ne recula pas devant la crainte d'un conflit et, confirmant sa promesse verbale, elle accorda la permission dans les termes où elle était demandée.

Mais bientôt de Salle, qui n'avait jusquelà donné lieu à aucune plainte, s'abandonna, ainsi que ses associés, à de tels excès qu'il put à peine, durant quelques jours, ouvrir son théâtre ; le désordre des directeurs engendra la désunion et la ruine de la société, à ce point que, se sauvant tous les uns après les autres, en peu de jours il n'en resta pas un seul pour répondre des dettes.

Force fut donc aux Havrais de se passer de spectacle pendant tout l'été.

Mais la demoiselle Montansier, qui avait toujours en poche le privilége à elle accordé par le comte de Buzançois, et qui avait sur la ville du Havre des projets qu'elle réalisa plus tard, la demoiselle Montansier ne manqua pas de se présenter de nouveau.

Cette femme, qu'une longue vie théâtrale a rendue presque célèbre, commençait alors sa carrière de directrice ; déjà elle poursuivait l'exécution d'un plan gigantesque et d'une vaste spéculation ; elle rêvait la direction générale de tous les théâtres du royaume et elle était à ce moment en instance pour obtenir le titre de *directrice des théâtres à la suite de la cour* (1), en attendant elle voulait bien se contenter de diriger celui du Havre. Mais comme elle avait déjà trop d'affaires sur les bras pour venir elle-même exploiter son privilége, elle envoya son régisseur, le sieur Nicolas Touchain, pour la représenter.

Touchain ouvrit son théâtre le 15 décembre 1774 et donna sa dernière représentation le samedi de la Passion 1775.

La demoiselle Montansier, peu satisfaite sans doute des résultats pécuniaires de ce premier essai ou trop préoccupée par des intérêts plus graves, ne chercha point à se faire renouveler le privilège et ce fut la dame Duvernay qui l'obtint le 13 octobre 1775. (2)

Cette dame arrivait au Havre avec une bonne troupe et une belle réputation, elle avait été

(1) Ce titre lui fut reconnu au commencement de l'année 1775.

(2) Bailliage du Havre, sentence du 13 octobre 1775.

longtemps connue sous son nom de demoiselle Rosalie Hamelin, et depuis qu'elle avait
épousé Pierre-Jean-François Marcotte, au lieu
de porter le nom de son mari, elle s'était fait
appeler, on ne sait pourquoi, Duvernay. La
dame Duvernay, à son arrivée au Havre, était
âgée de trente-deux ans, elle avait reçu une
assez bonne éducation pour l'époque, si l'on
en juge par sa manière d'écrire. Sa direction
dura jusqu'au samedi de la Passion de l'année 1776, et fut troublée par un incident qui
fit quelque bruit.

A l'approche des jours gras, pendant la représentation du 8 février, beaucoup de personnes demandaient que la dame Duvernay
organisât une redoute pour le lendemain, et
parmi elles, les dames Homberg surtout in-
sistaient énergiquement. A ces demandes la
dame Duvernay répondait qu'elle ferait son
possible; qu'elle avait déjà envoyé trois fois
chez le sieur Pinel, procureur du roi, pour
obtenir son autorisation, mais qu'il n'avait
point encore répondu. A ce moment le sieur
Pinel, se trouvant à passer devant ces dames
pour se rendre aux premières loges, s'entendit interpeller par la dame Duvernay, qui,
s'autorisant de l'insistance des dames Homberg et lui rappelant que trois fois déjà dans
la journée on avait été chez lui, le pria de
l'autoriser à donner satisfaction au désir de
ces dames, en organisant une redoute pour le
lendemain. Mais le procureur du roi, sans
daigner s'arrêter, répondit en continuant de
monter l'escalier : *Je verrai cela; demain je
vous donnerai mes ordres.* « Mais demain,
il ne sera plus temps, reprit la directrice, il

faut que j'annonce la redoute ce soir et que je la fasse afficher. »—*Les gens faits comme vous* sont faits pour prendre *mes ordres chez moi et faire ce que bon me semble*, répondit le sieur Pinel.

A cette réponse peu courtoise, la dame Duvernay ne put contenir son indignation et s'écria : « *Regardez-moi bien* ! suis-je donc faite pour être traitée ainsi ? il est bien malheureux d'être réduite à ce point. *Je quitte la cour, et les ministres ne m'ont pas traitée aussi durement* ; vous avez une charge, mais je vous vaux bien. » (1)

Le sieur Pinel n'en voulut point entendre davantage , il se rendit à sa loge fort en colère et après le spectacle s'en alla au parquet rédiger un procès-verbal contre la demoiselle Duvernay, et, le soir même, il le déposa entre les mains du greffe.

Dès le lendemain matin, sur les réquisitions du procureur du roi, le bailliage s'assembla, prit connaissance des faits et décréta la dame Duvernay de prise de corps.

A dix heures, l'huissier Osmont, assisté de ses deux recors, appréhendait la dame Duvernay à son domicile, au deuxième étage de la maison du sieur Fortain, cuisinier pâtissier, rue des Halles, puis, sans qu'elle eût opposé la moindre résistance, il la conduisit aux prisons royales où elle fut écrouée à midi.

Cependant la colère du sieur Pinel n'était point calmée, et, comme il voulait prompte justice, le même jour on assigna les témoins,

_____

(1) Bailliage du Havre, pro. verb. du 9 février 1776.

et, à deux heures, le sieur Brunel, avocat, pour empêchement du lieutenant général, procéda à leur audition.

A trois heures, le même sieur Brunel interrogea la dame Duvernay.

Mais quand la procédure eut fait connaître la vérité des faits et qu'on entendit le procureur du roi (1) requérir contre la prévenue trois jours de prison et 12 fr. d'amende, les membres du bailliage trouvèrent la peine trop forte ; on se récria, on batailla et l'on se sépara sans avoir rien décidé. Ne voulant point donner tort au procureur du roi, ni prononcer contre la dame Duvernay la peine requise contre elle, on fit durer le délibéré jusqu'au 14 février ; on laissa l'incupée en prison pendant tout ce temps, puis enfin on la condamna seulement à 3 fr. d'amende, en ordonnant que les portes de la prison lui fussent ouvertes sur le champ.

Mais la dame Duvernay n'accepta point cette justice de transaction et appela, tant de la sentence du 9 février que de celle du 14 ; par suite, le Parlement de Rouen fut saisi de l'affaire.

Rosalie Hamelin, femme Marcotte, dite Duvernay, s'était vantée dans son interrogatoire d'avoir des protecteurs, et vraiment on pourrait le croire. Car, au Parlement, où les affaires criminelles les plus graves duraient ordinairement tant de mois et quelquefois tant d'années, celle-ci ne dura que *vingt-un jours!* Les pièces de la procédure ayant été appor-

---

(1) Ce n'était pas le sieur Pinel ; il avait eu le bon esprit de se faire remplacer à l'audience.

tées au greffe de la cour le 26 février, l'arrêt
fut rendu le 19 mars ; en voici le dispositif :
« La cour casse le décret de prise de corps
décerné contre la dame Duvernay ainsi que
la sentence du 14 février ; ordonne que le décret de prise de corps, l'écrou et ladite sentence *seront rayés et biffés* sur la minute
avec mention du présent en marge des registres. *Réserve la dame Duvernay à sa prise
à partie, tant contre les juges qui ont rendu lesdits décret et sentence que contre le
procureur du roi* au bailliage du Havre pour
le recouvrement de ses dommages et intérêts (1).

C'était un triomphe complet pour la dame
Duvernay ; aussi comme elle était radieuse
quand, escortée de Pipart, huissier, et l'arrêt
du Parlement à la main, elle se présenta au
bailliage et au greffe des prisons royales et fit
biffer devant elle sur les registres, les sentences et l'écrou dont elle avait été précédem-
ment frappée. Ce fut alors qu'on se souvint
que dans son interrogatoire la dame Duvernay
avait menacé d'écrire à Mgr de Miromesnil et
de réclamer l'appui de ses protecteurs. Elle
était donc maintenant mieux posée que jamais au Havre, où l'opinion publique n'avait
point cessé de lui être favorable. Seulement,
comme le carnaval était passé, il ne put y
avoir de redoute cette année-là. Profitant de
la faveur que son procès lui avait acquise,
cette directrice sollicita et obtint la continua-
tion de son privilége pour deux années. Mais,
à l'exemple de la demoiselle Montansier, ce

_____

(1) Parlement et arrêt du 19 mars 1775.

fut un régisseur qui l'exploita pour elle et ce régisseur c'est Touchain, le même qui avait régi le théâtre pour la Montansier en 1774. Il commença ses représentations le 26 septembre 1776 et les continua pendant les deux saisons ordinaires jusqu'au printemps de 1778.

Après la troupe de la dame Duvernay celle de la Montansier obtint à son tour le privilége exclusif, et sous les ordres des sieurs Lange et Dorival, ses régisseurs, elle débuta par une comédie le 26 décembre 1778. Durant tout l'hiver il y eut beaucoup de bals et de redoutes. Cette troupe ne resta au Havre que jusqu'au samedi de la Passion 1779.

Mais voici qu'un nom célèbre au théâtre apparaît au Havre pour y effacer celui de la demoiselle Montansier ; c'est Anne Foliot, veuve depuis un an du fameux acteur tragique Henri-Louis Lekain, décédé à Paris le 8 février 1778. Dans la société de cet acteur, qui, de la boutique de son père, orfèvre à Paris, en passant par les théâtres de société et par les salons de Voltaire, dont il avait conquis l'affection, se fit à la Comédie-Française une place si belle que nul autre n'aurait pu l'égaler, dans cette société, dis-je, Anne Foliot, son épouse, avait dû acquérir un talent bien supérieur à celui de tous ceux et celles qui l'avaient précédée. Aussi la veuve Lekain ne vient-elle pas, comme les autres directeurs, pour passer seulement une saison dans la ville du Havre. A la faveur de son nom elle a obtenu le privilége exclusif pour neuf années et tout en elle fait espérer que son entreprise sera durable.

En effet, le 28 juin 1779, à peine installée

au théâtre du sieur Beaufils, on la voit apporter de salutaires réformes dans les habitudes de sa troupe ; les répétitions fréquentes, le choix des pièces, la conduite des acteurs, tout est par elle étudié et réglé.

Elle fait plus : le 17 août, elle présente au lieutenant général un mémoire et un règlement qu'elle a rédigés et dont elle demande l'homologation.

Dans ce mémoire, elle signale les abus et les désordres qu'elle désire prévenir et réprimer. Par son règlement en onze articles, elle oblige les acteurs, actrices, souffleur, maître de musique et musiciens à se trouver à toutes les assemblées qu'elle ordonnera. Le retard de quinze minutes donnera lieu à une amende de 24 sols et l'abstention absolue à une amende de 3 fr. Les musiciens retardataires perdront un tiers de leur journée et ceux qui manqueront à une représentation ou à une répétition paieront le montant de leur journée entière ; le chef de musique, à cause de son importance paiera 3 fr. le retard d'un quart d'heure et 12 fr. une absence absolue. Chaque jour de représentation, une heure avant le levé du rideau, la cloche appellera tous les employés à leurs postes respectifs ; une demi-heure après, un second coup de cloche indiquera que tout le monde doit être habillé et l'illumination du théâtre achevée, et, enfin, au troisième coup, qui marquera l'heure précise, on lèvera le rideau et les acteurs paraîtront.

Le tout sous peine d'amendes proportionnellement à la gravité des manquemens.

Par sentence du 17 août 1779, le lieutenant

général homologua ce règlement et le rendit obligatoire.

Mais on a beau réglementer, on ne peut jamais tout prévoir et, quand même on y parviendrait, l'esprit français a des allures si changeantes et si vives, il aime tant sa liberté, que je suis porté à croire que plus on l'entrave par des règlemens, plus il se mutine et s'insurge ; c'est un grand enfant au cœur chaud qui se comporte d'autant mieux qu'on semble avoir plus de confiance en lui.

Ainsi, du moins, en fut-il pour la troupe de la dame Lekain. Les acteurs et les actrices se mutinèrent contre le règlement et ne l'exécutèrent pas.

L'ordonnance de police de 1768 elle-même gênait autant les acteurs qu'elle déplaisait aux bourgeois dans l'intérêt desquels elle avait cependant été faite.

Les actrices avaient repris la mauvaise habitude d'aller se promener parmi le public durant les entr'actes et les bourgeois s'en autorisaient pour aller leur rendre ces visites sur le théâtre et dans les coulisses ; en un mot, le désordre avait fait de tels progrès que presque toutes les soirées étaient troublées par un nouvel incident.

D'un autre côté, certains fonctionnaires publics se croyant tout permis, abusaient souvent de leur autorité pour la satisfaction d'un caprice d'affection ou d'inimitié.

Ainsi, le dimanche 10 octobre 1779, à la sortie du spectacle, le sieur de Grainville, aide-major de la place du Havre, fit arrêter par quatre grenadiers et conduire aux prisons royales, un sieur Nadaud, bassiste, par ce seul motif que Nadaud n'avait pas voulu, pendant un entr'acte, jouer de son instrument pour le bon plaisir de ce sieur de Grainville. Nadaud n'en resta pas moins trois jours en prison et n'en sortit que parce que le lieutenant général de police ne voulut pas sanctionner la volonté trop arbitraire de l'aide-major de Grainville.

Mais un autre incident, beaucoup plus grave, vint encore troubler la soirée du 28 de ce mois d'octobre. On jouait *l'Ami de la maison*. La dame Lekain avait jugé à propos de retirer à l'acteur Lemesle le rôle d'Oronte et de le donner au sieur *de Rainsi*. Lemesle indigné de ce procédé, mais n'osant pas sans doute s'en prendre à la directrice, chercha querelle à de Rainsi au moment où celui-ci allait entrer en scène et finit par le frapper brutalement. Cependent de Rainsi se contint, et il fut assez maître de lui pour continuer son rôle jusqu'à la fin.

L'affaire avait fait du bruit ; le public s'en était ému et en redoutait les suites. Malheureusement, ses appréhensions ne furent pas trompées.

Le lendemain, en effet, une rencontre eut lieu entre Lemesle et de Rainsi. Lemesle, l'agresseur, reçut en pleine poitrine un coup d'épée qui le mit dans l'impossibilité de regagner son domicile. On l'y transporta, et peu d'instans après, un magistrat se rendit près de lui pour l'interroger.

Le résultat fut l'emprisonnement de l'un et de l'autre, car le 5 novembre, Lemesle étant rétabli, fut écroué avec son complice, et tous deux attendirent en prison l'issue du procès qui fut commencé contre eux.

Cependant, la veuve Lekain, malgré ces incidens et les autres désordres dont il a été parlé, essayait courageusement de lutter contre le refroidissement du public. En vain appela-t-elle des acteurs et des actrices de choix, tout fut inutile, les recettes ne couvraient plus depuis longtemps les dépenses, et les créanciers devinrent si pressans et si nombreux que la directrice dut succomber. En mars 1780, les recettes furent saisies, le mobilier fut vendu et, pour comble de malheur, un fort créancier d'Amiens s'empara de tout le magasin du théâtre sur lequel il avait un privilége de garantie. Enfin la dame Lekain se sauva sans payer ses acteurs.

Ces malheureux, restés sans ressources au Havre, se constituèrent en société et obtinrent du lieutenant général la permission de jouer la comédie et l'opéra jusqu'à Pâques 1781 ; ils commencèrent le 30 juillet 1780 (1). Voici les noms de quelques uns de ces comédiens : Pettelard, Després, Bonioti, Serny et Clairet ; les actrices étaient Mmes D'arcourt, Richard, Lefebvre et Lahaisse. Ils prenaient la qualité de *comédiens du roi.*

Depuis l'expiration de leur privilége, c'est-à-dire depuis Pâques 1781, le théâtre resta fermé jusqu'au mois de décembre.

Mais à cette dernière époque, deux personnages bien connus se présentèrent : le sieur Bourdon de Neuville et la demoiselle de Montansier qui avaient obtenu en 1779 (2) le

(1) Bailliage du Havre, sentence du 30 juillet 1780.
(2) Voir notes sur les anciens théâtres de Rouen, *Revue de la Normandie*, 1863.

privilége du théâtre de Rouen, s'étaient fait
accorder celui du Havre par le gouverneur de
cette ville. Comme pour la dame veuve Lekain, ce privilége leur était délivré pour neuf
années et le 24 décembre, Michel Dorival, régisseur en leur nom, ouvrit le théâtre du sieur
Baufils, pour y jouer la comédie française et
italienne, l'opéra sérieux, l'opéra bouffon et la
tragédie.

Cette fois, enfin, le théâtre allait être exploité par des mains habiles et exercées.
C'est une ère nouvelle qui s'ouvre pour lui et
jusqu'en 1790 et il ne changera plus de directeur. Le seul changement qu'on y pourra si-
gnaler est celui des régisseurs, parce que,
suivant les besoins, les entrepreneurs les en-
verront d'une ville à l'autre et les remplace-
ront à leur gré. Ainsi, dans un intervalle de
huit ans nous verrons se succéder tour à tour
les régisseurs Dorival, Dufresny et Lange. Ce
serait peut-être ici l'occasion de donner la
biographie de Bourdon de Neuville et de la
demoiselle de Montansier ; mais que dirions-
nous de nouveau sur ces deux personnages
si connus ? On sait que longtemps ils furent
associés et l'on dit que Bourdon finit par
épouser secrètement la Montansier ; cela paraît douteux, ou bien Bourdon aurait épousé
une autre femme du vivant de la demoiselle
Montansier, puisqu'en 1810 sa femme et sa
fille trouvèrent la mort dans l'incendie du
théâtre du Havre et que la Montansier leur
survécut.

Mais laissons ces questions peu intéres-
santes et revenons au théâtre.

Depuis sa réouverture, le 24 décembre

1781 jusqu'à la fin de 1784, le théâtre continua d'être exploité sans aucun incident remarquable, et cependant un événement fort grave pour Bourdon de Neuville aurait pu compromettre l'entreprise commune si la demoiselle Brunet dite Montansier n'eût été douée de l'activité et de l'énergie qui la distinguèrent toujours. Déjà chargée de la direction du théâtre de Rouen, sollicitant en outre le privilége de tous les théâtres de la haute et de la basse Normandie, ainsi que de ceux de la généralité d'Alençon, priviléges qu'elle finit par obtenir, la demoiselle Montansier devait compter et comptait en effet sur le concours actif et le dévoûment de Bourdon de Neuville, sur qui elle savait exercer une très-grande influence. Elle l'avait laissé chargé des théâtres de Rouen et se reposait sur lui pour les affaires de la Normandie, lorsque tout à coup cet appui lui manqua.

Le 15 mars 1782, Bourdon de Neuville était dans sa chambre à Rouen, en compagnie de son garçon perruquier, nommé Hattot, lorsque Bourdon sortit, en criant, les mains ensanglantées, et se sauva au milieu des acteurs qui faisaient une répétition. Comme il criait à l'assassin ! on courut à sa chambre et l'on y trouva le pauvre Hattot, baigné dans son sang, grièvement blessé de plusieurs coups de couteau et accusant de Neuville de l'avoir assassiné. Devant cette accusation, Bourdon, dès le même soir, prit la fuite. Comme il était hautement protégé par le sieur Haillet-de-Couronne, lieutenant général criminel, l'instruction du procès se fit lentement, mais Bourdon n'en fut pas moins dé-

claré convaincu d'avoir, dans une rixe, porté
deux coups de couteau au sieur Hattot et con-
damné par contumax au banissement perpétuel, à payer 3,000 fr. de dommages-intérêts
à Hattot et à la confiscation de ses biens (1).
sur l'appel et par arrêt du 26 octobre (2) suivant, le Parlement confirma la sentence et
porta à 10,000 fr. les dommages-intérêts.

Quoique absent et banni, de Neuville essaya de faire casser cet arrêt, mais n'ayant
pu y parvenir à cause de sa contumax, après
s'être caché pendant un an, il se constitua
prisonnier. Alors il tenta de faire réviser toute
la procédure ; des incidens nouveaux se pro-
duisirent : on découvrit que de Neuville avait
suborné des témoins pour accuser le garçon
perruquier Hattot, et de nouvelles poursuites
furent dirigées tant contre Neuville que contre
les témoins subornés. Alors Bourdon eut peur
et se ravisa en déclarant à la date du 6 novembre 1783, qu'il se désistait. — Mais il
était toujours prisonnier et sa longue absence
commençait à contrarier beaucoup la Montansier dont les entreprises s'étaient de beaucoup
étendues depuis un an. Voulant à tout prix
rappeler son associé auprès d'elle, elle lui
fournit une caution et obtint à ce moyen sa
liberté provisoire ; puis, mettant en mouve-
ment ses nombreux protecteurs, elle sollicita
et finit par obtenir en faveur de son protégé
des lettres de rémission et de pardon qui,

(1) Bailliage de Rouen, sentence du 16 juillet
1782.

(2) Archives du palais, arrêt du 26 octobre
1782.

données de Paris, au mois de juillet 1784, furent enregistrées au bailliage de Rouen le 4 août suivant.

Cependant le théâtre du Havre ne s'était point ressenti des longues tribulations de Bourdon de Neuville et depuis le mois de mars 1782 jusqu'à la fin de novembre 1783, que son directeur avait été banni ou prisonnier; la troupe avait paisiblement suivi son programme.

Mais aussitôt que Marguerite Brunet n'eut plus à se préoccuper des détails de la direction, elle donna un libre essor à ses rêves de spéculation. Le plus beau de ces rêves était d'obtenir du gouvernement, moyennant 150,000 fr., la direction de tous les théâtres du royaume. Malheureusement pour elle, sa proposition ne fut point acceptée, et il lui fallut se résigner à n'avoir que la direction de tous les théâtres de la haute et de la basse Normandie et de la généralité d'Alençon.

Cet échec ne découragea pas la Montansier, dont l'esprit éminemment spéculateur était toujours en travail.

Depuis deux ans qu'elle dirigeait avec Bourdon de Neuville le théâtre du Havre, les améliorations qu'elle y avait apportées avaient eu pour résultat de le rendre plus agréable au public qui s'y rendait plus nombreux et plus assidu qu'autrefois ; alors le bâtiment du sieur Beaufils, devenant chaque jour plus incommode à cause de son exiguïté, chacun s'en plaignait, mais la ville, ni qui que ce fût, ne se souciait d'entreprendre la construction d'une nouvelle salle de spectacles.

Ce que personne ne voulait faire, la demoi-

selle Montansier l'entreprit ; mais elle l'entreprit avec une prudence extrême et après s'être
assurée de tous les avantages possibles pour
l'avenir.

Peu de jours après la mise en liberté de
Bourdon et après s'être concertée avec lui,
elle exposa au comte de Buzançois, gouverneur du Havre, son projet de construire une
salle de spectacles digne de la ville et capa-
ble de suffire à toutes les éventualités ; le
gouverneur l'approuva beaucoup et ne fit aucune difficulté pour lui accorder un privilége
exclusif de trente-six ans, qui lui était, disait-
elle, indispensable pour la garantir et l'indem-
niser d'une telle entreprise. Ce privilége lui
fut délivré le 6 décembre 1784 (1).

Munie de cette garantie et chaudement ap-
puyée par le duc d'Harcourt, la demoiselle Montansier et Bourdon de Neuville présentèrent au
roi une requête dans laquelle on lit : « qu'il
« n'y a point de salle de spectacles convena-
« ble dans la ville du Havre, que celle qui a
« servi jusqu'à présent est beaucoup trop pe-
« tite, fort incommode et fort dangereuse,
« n'ayant ni dégagement ni issue ; que d'ail-
« leurs elle sert alternativement de magasin
« de commerce au gré du propriétaire qui est
« le maître d'en disposer à sa volonté et de
« porter le prix de location aussi haut qu'il le
« juge à propos... Que depuis que le plan
« d'une nouvelle ville a été tracé le vœu gé-
« néral des habitans est que l'on construise
« une salle de spectacles où ils puissent aller
« en sûreté et qui ne soit destinée qu'à cet

(1) Bailliage du Havre, 6 décembre 1784.

« usage ; que le sieur de Neuville et la de-
« moiselle de Montansier ont formé le des-
« sein de remplir cet objet et que pour y par-
« venir ils supplient le roi de leur accorder à
« titre d'accensement la portion de terrain
« cotée 2 au plan de la nouvelle ville ayant 38
« toises de long sur 16 de large et donnant en
« partie sur la place... »

Tandis que la demoiselle Montansier solli-
citait à Paris la concession du terrain nécessaire pour l'exécution de son projet, Bourdon
de Neuville, resté au Havre, cherchait à réglementer le théâtre et à réformer les abus
qui s'y étaient perpétués depuis l'origine. A
cet effet il rédigea un excellent règlement de
police intérieure qui fut homologué par le
lieutenant général le 21 février 1785 (1).

Peu de temps après, par des lettres patentes données à Versailles au mois d'avril 1785
et enregistrées au Parlement le 10 août suivant, le roi accorda aux associés de Neuville
et Montansier la concession par eux sollicitée
aux charges : « 1° de payer un cens annuel
« et perpétuel d'un sol par toise carrée, em-
« portant droits seigneuriaux sur le pied du
« 13e ; 2° de faire construire, *dans le délai de*
« *deux ans à compter du jour de l'enregis-*
« *trement* des lettres patentes, une salle de
« spectacle conforme au plan qui sera dressé
« par l'intendant de la généralité de Rouen. »

Ces lettres patentes décidaient, en outre,
que les propriétaires du théâtre ne pourraient
le refuser à aucun entrepreneur de spectacles
moyennant le prélèvement du 6° franc des re-

---

(1) Bailliage du Havre, 21 février 1785.

cettes et ce à titre de location ; réservé aux propriétaires le privilége exclusif d'y donner des bals et redoutes, à moins que les entre-preneurs locataires aient occupé le théâtre six mois avant la saison des bals, car, dans ce cas, ils auraient le droit d'en donner en payant le sixième net des recettes. Réservé encore aux propriétaires, le droit exclusif de faire vendre dans la salle des spectacles du café et tous les rafraîchissemens nécessaires.

Et dans le cas où la nouvelle salle viendrait à être détruite par un incendie ou autrement, les propriétaires seront tenus d'en faire cons-truire une autre dans le délai de deux ans, à peine de perdre la propriété du terrain con-cédé.

Et enfin il était dit que, dans le cas où le bâtiment projeté ne couvrirait pas tout le ter-rain concédé, les propriétaires pourraient vendre le surplus comme bon leur semblerait.

Est-il besoin de dire que, dès ce moment, les deux associés mirent tout en œuvre pour commencer immédiatement les travaux et les pousser activement. On dressa les devis, on passa les marchés ; en un mot, on fit tout le possible pour mettre l'entreprise en train.

Concurremment avec les travaux de cons-truction, l'exploitation du privilége était sui-vie dans le théâtre Beaufils et les affaires y marchaient au gré des associés. Nul mieux qu'eux, au reste, n'entendait l'administration de ces sortes de spéculations et n'aurait su mieux faire. Ils possédaient ce talent difficile d'aiguillonner la curiosité publique par la nouveauté des plaisirs et par leur variété ; les Havrais, paraît-il, étaient grands amateurs de bals et de redoutes et jamais, sur ce point, ils ne se lassaient. Aussi de Neuville leur en donnait-il tant et plus. Cependant, jusqu'en 1787, on n'avait point encore vu au Havre de bal masqué, bien qu'à Rouen, dès 1764, le directeur Bernand, en eût donné le signal. Aussi l'enthousiasme fut-il grand quand le régisseur Lange annonça qu'il avait obtenu la permission de donner des bals masqués jusques aux jours gras et que le premier était fixé au 25 janvier 1787. Mais ces belles fêtes ne pouvaient durer toujours et quand le carême arriva on ne dansa plus. Difficilement les Havrais se résignèrent à se contenter de la comédie ; ils n'allaient plus au théâtre que pour y bâiller et, encore bien peu de gens y allaient. Voyant que les recettes diminuaient, de Neuville réveilla le goût du public en affichant que les sieurs Dugazon, comédien du roi et premier comique du Français, et Courcelle, comédien ordinaire du roi et père noble du Théâtre-Italien, étaient engagés pour donner des représentations sur le théâtre Beaufils. Il ajoutait que le traitement qu'il était obligé de payer à ces messieurs étant très-gros et leurs frais de voyages également, il avait obtenu du lieutenant général la permission de tiercer le prix des places pendant tout le temps de ces représentations extraordinaires ; ce qui portait les 1res loges à 3 fr., les 2es à 36 s. et le parterre à 18 s.

Malgré l'élévation du prix des places on se porta en foule au théâtre.

Dugazon et Courcelle débutèrent le lundi 25 mars, fête de l'Annonciation de la sainte Vierge.

Remarquons en passant que jamais on n'avait joué la comédie les jours de fête de vierge jusques au 2 février 1784; cette année-là, Dufresny, qui régissait le théâtre pour Neuville et Montansier, demanda au lieutenant général et obtint la permission de jouer; il en fut de même les années suivantes, mais avant 1787 on n'avait point encore accordé la permission pour le jour de la fête de l'Annonciation.

Il en était de même pour le dimanche, on ne jouait pas ce jour-là; mais puisque l'autorité avait bien permis d'ouvrir le théâtre le 2 février 1784 et qu'en 1786, le 2 février, on avait permi de jouer *le Droit du seigneur* et *l'Epreuve villageoise*, on se demanda pourquoi on n'obtiendrait pas également la permission pour le dimanche; le régisseur Lange la demanda et elle lui fut accordée (1).

Il ne restait donc plus aux directeurs du théâtre qu'à s'attaquer aux fêtes solennelles, et c'est ce qui fut tenté pour la fête de l'Assomption de 1787 (2); mais, à la requête qui lui fut présentée à cet effet, le lieutenant général répondit que, vu la solennité de la fête, tous spectacles devaient être fermés; les comédiens se le tinrent pour dit et ne recommencèrent pas.

Jusqu'à cette année 1787 la salle du théâtre n'avait été éclairée que par les quelques chandelles et bougies que l'on plaçait en avant de la scène pour éclairer le jeu des acteurs;

---

(1) Bailliage du Havre, 23 février 1786.
(2) Bailliage du Havre, 14 août 1787.

tout le public restait dans une obscurité presque complète. Seulement, comme la police avait remarqué que cette obscurité favorisait des désordres de tout genre, elle avait ordonné, depuis quelques années, qu'un *lustre* fût appendu au milieu de la salle, au-dessus du parterre ; mais quel lustre ! quatre bougies de cire jaune y étaient allumées chaque soir et répandaient dans la salle autant de fumée que de clarté. Cependant, malgré la lumière du lustre, le procureur du roi, remarquant que la *manutention de la police n'était point praticable*, fit ordonner (1) qu'à l'avenir dix bougies au moins (au lieu de quatre !) seraient placées et *allumées* au lustre de la salle. Ceci rappelait un peu la lanterne des bourgeois de Falaise, mais c'était un progrès.

Ce fut donc devant un lustre si richement allumé que Dugazon et Courcelle donnèrent leurs représentations en 1787. Cette année, nous fournit encore quelques autres remarques : ainsi nous y voyons que le 30 et le 31 mai on joua *Zémire et Azor*, puis *les Chasseurs et la Laitière*.

Le 7 juin, on donna *le Déserteur* et *la Mélomanie*.

Mais, comme avec l'hiver la passion des Havrais pour la danse se réveillait de plus belle, le régisseur Derville fit venir la troupe des danseurs du roi ; cette troupe se livra à ses exercices durant les deux mois de novembre et décembre ; puis, disent de Neuville et Montansier, dans leur requête, afin de varier

(1) Registre du bailliage du Havre, 24 février 1787, 21 décembre 1787.

les plaisirs, on appela les comédiens de Versailles pour remplacer les danseurs. Ces comédiens débutèrent le 22 décembre 1787 et continuèrent la saison jusqu'au samedi de la Passion 1788.

Une autre troupe appartenant à Bourdon de Neuville vint faire la saison d'été et fut remplacée, le 4 novembre, par une troupe d'opéra qui joua jusqu'au 20 mars 1789.

Enfin, pour clore l'année théâtrale, le régisseur Lange, suivant en cela l'usage adopté à Rouen, fit venir de Paris un chanteur en renom ; c'était Narbonne, première basse-taille et pensionnaire du roi au théâtre Italien ; le même Narbonne qui, devant la Convention nationale, à la séance du 5 juillet 1793, chanta *la Marseillaise* en compagnie de Chenard et de Vallière ; Vallière chanta, en outre, une chanson patriotique, et Chenard un couplet en l'honneur de la montagne (1). Narbonne, donc, se fit entendre au Havre durant toute la semaine de la Passion ; mais comme « son engagement entraînait avec lui des gages et une dépense immenses, » (2) le régisseur obtint la permission de tiercer le prix des places.

Cette clôture devait être la dernière pour le théâtre Beaufils ; on l'espérait du moins. Mais on avait compté sans les entrepreneurs. Il y avait cependant quatre ans que la construction était commencée et, quoique le roi eût imparti un délai de deux ans seulement, on

(1) *Gazette nationale* ou *Moniteur universel*, t. 17, p. 53.

(2) Bailliage du Havre, sentence du 23 mars 1789.

ne pouvait encore prévoir à quelle époque elle
pourrait être achevée.

Il faut dire que depuis longtemps l'autorité,
d'accord avec le régisseur, s'était plu à pré-
parer le public à se tenir d'une façon plus
convenable au théâtre, afin sans doute d'inaugurer dignement la nouvelle salle. Depuis que
dix bougies étaient chaque soir allumées au
lustre, la police avait été mieux exercée et,
par suite, l'ordre et la paix avaient été établis dans la salle. Ainsi, dès le 8 mars 1788,
le procureur du roi se félicitait en ces termes
des résultats obtenus : « Grâce à l'attention
« scrupuleuse des magistrats à faire observer
« les règlemens qui concernent le spectacle
« et à la sagesse des consignes données par
« M. le comte de Villeneuve, les citoyens
« jouissent maintenant de la plus parfaite
« tranquillité pendant les représentations. Si
« quelquefois, les jours de dimanches et
« de fêtes, l'affluence des spectateurs cause
« au parterre des flux et reflux, ces mouve-
« mens inopinés qu'il est impossible d'arrê-
« ter, ne se font que durant les entr'actes
« lorsque l'attention n'est pas fixée, et ils ne
« troublent point le plaisir des spectateurs (1).

Malgré ces bonnes dispositions, il fallut
néanmoins s'armer de patience et attendre.

En effet, la demoiselle de Montansier,
croyant bien faire sans doute, au lieu de
traiter avec des entrepreneurs du Havre, avait
été en chercher à Paris où elle avait traité
avec le sieur Pierre-Nicolas Guillard, pour la
menuiserie ; Nicolas Gory, pour la maçonne-

(1) Bailliage du Havre, 8 mars 1788.

rie ; Jean Albouy, pour la charpente ; Phili-
bert Monnier, pour la sculpture ; Simon-Fré-
déric Moench, pour la peinture et les décors,
et Dominique Taillard, pour la serrurerie.

Mais elle eut bien lieu de s'en repentir,
car, au mois de septembre 1789, fatiguée de
leurs lenteurs, elle les fit assigner devant le
lieutenant civil du Châtelet de Paris et obtint,
le 10 de ce mois, une ordonnance qui lui per-
mettait de faire constater par un architecte le
degré d'avancement des travaux. L'architecte
commença son examen le 29 septembre et le
termina le 3 octobre. Nous puisons dans son
procès-verbal les indications suivantes :

Le théâtre était situé près de la citadelle ;
il était construit en bois ; l'intervalle des co-
lombages était rempli avec des plâtreaux re-
couverts de lattes et de plâtre.

La façade était ornée de balustrades à cor-
niches sculptées.

Un perron de quelques marches suivi d'un
porche, conduisait au vestibule.

Là étaient établis les bureaux.

Deux portes latérales donnaient entrée dans
le parterre.

Deux escaliers tournans placés : l'un à
droite, l'autre à gauche des bureaux, condui-
saient :

Aux baignoires,
Aux premières loges,
Aux deuxièmes loges,
Aux troisièmes loges
Et au paradis.

Chacune de ces divisions avait son foyer
particulier et son corridor circulaire spécial.

Une figure sculptée décorait l'avant-scène.

Le devant des loges était orné de sculptures.

Il résulte, en outre, de ce procès-verbal qu'à la date du 3 octobre 1789, aucun des entrepreneurs n'était en mesure de livrer son travail, bien que tous se fussent engagés à le terminer pour le 15 septembre.

Cependant la demoiselle Montansier et de Neuville, comptant sur la perfection des travaux pour l'époque convenue, avaient appelé au Havre leur troupe d'Orléans pour inaugurer la nouvelle salle. Cette troupe, arrivée le 15 septembre, ne pouvant jouer sur le théâtre Beaufils, parce qu'il avait reçu une autre destination, restait donc inoccupée et vivait aux dépens des directeurs sans leur rapporter aucun profit.

Aussi les directeurs pressèrent tellement les entrepreneurs que, le 16 octobre, les travaux se trouvant à peu près terminés, le lieutenant général, répondant à la requête que lui présentaient de Neuville et Montansier aux fins de commencer leurs représentations, ordonna que, préalablement, la salle serait visitée par le même architecte, le sieur Thibault, pour en constater la solidité et s'assurer qu'aucun accident n'était à craindre et déterminer le nombre des spectateurs qu'elle pouvait contenir.

Le sieur Thibault dressa sans doute un procès-verbal de son expertise, mais n'ayant pu le découvrir, il nous est impossible d'en faire connaître le résultat; on dit que le nouveau théâtre pouvait contenir 1,200 spectateurs, mais aucun document ne nous permet d'affirmer ou de nier ce fait.

Après le dépôt de ce rapport, c'est-à-dire le 18 ou le 19 octobre 1789, et non pas le 16 *octobre* 1790 comme cela a été dit par erreur (1), la nouvelle salle fut inaugurée à la grande satisfaction du public et surtout des directeurs.

Mais tout n'était pas fini. Longtemps encore les directeurs et les entrepreneurs bataillèrent devant les tribunaux ; de nouvelles expertises furent encore ordonnées, et le 13 avril 1790, on les voit se chicaner à l'occasion du mobilier. Néanmoins, ces chicanes n'entravèrent point la représentation, car le mardi 8 décembre 1789, fête de la Conception de la Sainte-Vierge, le lieutenant général permit d'ouvrir le théâtre *comme les autres jours et à l'heure accoutumée.*

Nous ne suivrons point davantage la destinée de ce nouveau théâtre. On sait qu'il fut détruit par un incendie le 29 janvier 1810, et que, malgré tous les efforts possibles, on ne put sauver la dame Bourdon et sa fille qui périrent au milieu des flammes. Mais c'est là de l'histoire presque contemporaine et que les journaux ont racontée avec assez de détails pour qu'il soit inutile d'y revenir.

Disons maintenant un mot sur le théâtre d'Yvetot ! Comment ! dira-t-on, est-ce que la petite ville d'Yvetot avait un théâtre avant 1789 ? Entendons-nous : quand je parle du théâtre d'Yvetot, je ne veux pas dire que cette

---

(1) Morlent, le Havre et ses environs, t. 1er, p. 231.

ville possédait un monument spécialement destiné aux représentations théâtrales, mais faire entendre que l'on y jouait la comédie. Au reste, il n'y a rien là de bien étonnant, si l'on veut se souvenir de l'antique célébrité du royaume d'Yvetot. Une ville de cette importance, qui a eu ses rois, ses princes, ses seigneurs, et dont cent écrivains ont essayé de raconter l'histoire, a bien pu essayer aussi de jouer la comédie, ne fût-ce qu'à titre de représailles, ou seulement pour maintenir son rang parmi les villes célèbres.

Enfin, quel qu'en ait pu être le motif ou l'occasion, toujours est-il qu'en 1776, les Yvetotais avaient leur salle de spectacle, et si j'avais l'honneur d'être citoyen de cette ville, je pourrais probablement indiquer ici, d'une manière précise, le lieu où l'on se réunissait. Mais comme il n'y a de cela que quatre-vingt-dix-neuf ans, j'espère qu'il se trouvera bien encore à Yvetot quelques vénérables vieillards qui s'en souviendront, ou qui en auront parlé à leurs enfans. Au reste, il ne serait pas difficile de se renseigner sur ce point, quand on sait que le propriétaire du bâtiment, directeur de la troupe, était un bourgeois nommé Louis Mahon.

Je trouve dans un document authentique (1), les considérations principales qui donnèrent aux habitans d'Yvetot l'idée de jouer la comédie ; car, disons-le bien vite, ce n'était point une de ces troupes ambulantes, comme il y en avait tant alors, que les Yvetotais al-

_____

(1) Parlement, 29 octobre 1776. Requête du sieur Mahon.

laient entendre deux fois la semaine. Non, c'était dans son sein même que la ville avait trouvé les élémens d'une *société d'amis des arts*, et cette société jouait la comédie. Voici, du reste, ce qu'on lit dans le document dont je viens de parler : « Dans tous les lieux un « peu habités, divers citoyens forment entre « eux des petites sociétés d'habitude, et con- « viennent d'un centre de réunion, pour y « passer de temps en temps quelques heures « d'une manière utile ou agréable. Dans un « endroit on joue aux quilles ou à la boule, « dans un autre on danse ou on chante, ici « on raisonne sur les nouvelles publiques, là « on parle littérature, enfin on s'associe, on « s'assemble, on s'amuse, selon les âges, les « caractères et les positions civiles. Il « n'existe aucune raison pour priver Yvetot « de cette innocente liberté dont on jouit pai- « siblement partout.

« Entre autres sociétés existantes dans ce « bourg, il y en a une dont le principal amu- « sement consiste à exercer la mémoire, or- « ner l'esprit et régler le maintien par la re- « présentation de quelques pièces de théâtre. »

On jouait donc la comédie à Yvetot en 1776 et cette ville avait un théâtre de société. Seulement, comme il n'y avait point de salle de spectacle, le sieur Nicolas Mahon, di- recteur zélé de la société, voulut bien louer une grande écurie qui lui appartenait, et après quelques travaux indispensables on s'y ins- talla.

Mais il ne faut pas croire que les artistes d'Yvetot s'amusaient à jouer des charades ou des dialogues comme on en fait jouer quelquefois aux enfans pour les exercer. Non, et le choix de leurs pièces prouve que dès cette époque, comme le dit le sieur Mahon dans sa requête, on y aimait et on y lisait la bonne littérature.

Ainsi, la troupe débuta par la tragédie de *Zaïre*. C'était hardi, mais cela prouve que les acteurs ne manquaient pas de confiance en leur talent.

Après la tragédie on aborda la comédie et même l'opéra ; d'abord on donna la *Gageure imprévue*, puis *l'Honnête Criminel*.

L'Anglais à Bordeaux ;
Mérope ;
L'amant auteur et valet ;
Les Chasseurs et la Laitière ;
Beverley ;
Crispin rival de son maître.

Tout cela se jouait dans l'écurie du sieur Mahon, transformée en salle de spectacle et devant la meilleure société d'Yvetot. Le bailly, l'avocat fiscal et le procureur fiscal y assistaient regulièrement, et par distinction ils se plaçaient sur le théâtre. « Le bailly, en pro-
« tecteur des talens, les encourageait, l'avocat
« fiscal applaudissait à leur émulation et le
« procureur fiscal, allant et venant sans cesse,
« était tellement enthousiasmé qu'un jour,
« après la représentation de *Zaïre*, se croyant
« en réalité à la cour d'Orosmane, il voulut ser-
« vir lui-même les acteurs au souper frugal
« qui suivit. » (1)

Malheureusement, l'enthousiasme du procureur fiscal l'emportait quelquefois si loin

(1) Arrêt du Parlement, 29 octobre 1776.

qu'il troublait le jeu des acteurs par le mou-
vement qu'il se donnait. On fut même contraint de lui en faire l'observation pendant la
représentation de *Mérope*.

Mais cette malencontreuse observation devait porter un rude coup à la société.

En effet, le 26 octobre 1776, on allait, à la
demande du public, jouer *Beverley* avec
Crispin rival de son maître, lorsque, dans
la journée, le procureur fiscal fit signifier et
afficher un ordre qui défendait aux acteurs
de s'assembler et ordonnait la fermeture du
théâtre (1).

Grand émoi dans la ville à cette nouvelle,
et grand mécompte surtout pour les acteurs,
qui avaient fait tous les frais nécessaires
pour la représentation ; mais que faire ? personne à coup sûr n'eût osé passer outre. Un
seul parti restait à prendre, c'était d'en appeler au Parlement. On appela donc, et l'on fit
bien, car le Parlement, toujours favorable aux
choses qui touchaient le théâtre, ainsi qu'il
l'avait maintes fois prouvé et particulièrement,
on s'en souvient, dans l'affaire de la dame
Duvernay, le Parlement, dis-je, dès le 29 octobre, c'est-à-dire trois jours après la signification de l'ordonnance du 23, réforma cette
ordonnance, permit à la société dirigée
par le sieur Mahon de continuer, comme
par le passé, à jouer la comédie et lui accorda mandement pour assigner le procureur
fiscal à plaider au fond, au cas où il voudrait
se rendre partie au procès (2).

(1) Haute justice d'Yvetot.—Sentence du 23 octobre 1776.
(2) Parlement. — Arrêt du 29 octobre 1876.

Suffisamment autorisée par cet arrêt, la société des comédiens yvetotais reprit le cours de ses représentations si brusquement interrompues ; mais un rude coup lui avait été porté et, malgré le succès obtenu au Parlement, les associés virent bientôt qu'il leur faudrait renoncer à des plaisirs qui n'étaient plus du goût du procureur fiscal. Tout d'abord, un bon nombre des bourgeois cessa de venir les entendre de peur de déplaire à l'autorité; quelques parens défendirent à leurs fils et filles de retourner jouer la comédie, si bien qu'en peu de semaines la société des Amis des Arts tomba d'elle-même et ne se releva plus. Bientôt, l'écurie de M. Mahon fut rendue à sa destination première, les acteurs et les actrices retournèrent à leurs travaux, et le hennissement des chevaux remplaça les voix jeunes et fraîches qui s'y étaient fait entendre durant quelques mois.

Ainsi périt, pour une simple question d'amour-propre, une société qui peut-être était appelée à augmenter la célébrité déjà si grande de la ville d'Yvetot. Mais il était réservé au XIX⁰ siècle de relever le théâtre essayé en 1776 ; car maintenant, cette ville est justement fière de celui dont elle a fait récemment l'inauguratiou avec une si grande solennité.

GOSSELIN.

www.ingramcontent.com/pod-product-compliance
Lightning Source LLC
LaVergne TN
LVHW052150080426
835511LV00009B/1778